René Millet

Le Parti radical en Angleterre

Un Manifeste de M. Stuart Mill

ISBN : 978-1981130030

10 9 8 7 6 5 4 3 2 1

René Millet

Le Parti radical en Angleterre

Un Manifeste de M. Stuart Mill

Table de Matières

Introduction

Depuis un an, on a fait le dénombrement de nos défauts : il n'est si mince politique qui n'ait dit à la France ses vérités, et entrepris de lui prouver qu'elle méritait ses désastres. Sans doute il ne faut pas négliger les avertissements ni les conseils, mais il faut voir le remède à côté du mal, et surtout distinguer, parmi les reproches qu'on nous adresse, ceux qui frappent la nation et ceux qui retombent sur l'humanité tout entière. Par exemple, en politique, on condamne notre goût pour les conceptions ambitieuses et notre dédain pour les enseignements de l'histoire ; cependant les intempérances du raisonnement, qui enfantent l'esprit révolutionnaire, ne peuvent se séparer du raisonnement même, et, si nous en avons souffert les premiers, peut-être tous les peuples doivent-ils payer des mêmes épreuves la crise tardive de leur émancipation. On nous oppose ordinairement l'exemple de l'Angleterre, dont la prudence repousse les théories rationnelles, et n'a jamais rompu la chaîne des traditions historiques. Voici pourtant un écrivain populaire, M. John Stuart Mill, qui entreprend contre les institutions du passé une croisade sans merci. Est-ce que l'heure de l'audace philosophiques sonné ? Chaque nation a-t-elle une période où elle abandonne le principe d'autorité pour discuter librement le système qui lui convient le mieux ? ou bien M. Stuart Mill est-il un esprit spéculatif que la science a entraîné loin des chemins battus, et qui construit dans l'isolement un système impraticable ? Au contraire, il est fort goûté : on le cite beaucoup, nous ne savons si on le comprend toujours. Il a son parti : ce n'est pas une petite église conservant parmi ses fidèles la tradition d'un dogme méconnu ; c'est une grande école qui a des adeptes dans tous les rangs de la société. Plus avancée que le parti libéral, elle s'y rattache cependant, et mérite les égards de M. Gladstone. M. Mill, loin de cultiver une philosophie stérile, a très bien discerné les aspirations d'un grand nombre d'Anglais ; il les conduit pas à pas à des conséquences hardies, sans éveiller leur défiance et sans forcer leur tempérament, car il partage leur aversion pour les conceptions vagues et leur goût pour les faits précis.

Malheureusement M. Mill est économiste ; les observations qu'il a recueillies et les lois qu'il en déduit lui paraissent beaucoup plus concluantes que les inductions tirées de l'histoire. Il est plus aisé d'ouvrir des canaux à la richesse nationale que de prévoir le moment précis où telle institution deviendra surannée. Quelle lutte inégale, si la science économique, avec son cortège de chiffres, les mains pleines de promesses séduisantes, envahit le domaine de la politique et commence le procès des institutions ; quelle vaine défense pour celles-ci que d'alléguer des droits acquis ou des bienfaits impalpables, si on les attaque au nom du bien-être général ! Mais aussi quelle illusion, si on espère rendre les hommes plus heureux en effaçant les traits de la nature humaine ! On se renferme dans l'horizon étroit d'une science, on veut régler tout l'univers sur quelques faits particuliers. De là des réformes téméraires où l'on se rencontre avec les philosophes socialistes les plus discrédités. M. Mill garde sur eux l'avantage du savoir et de l'habileté : l'un rend ses raisonnements plus spécieux, l'autre sa propagande plus dangereuse. En 1871, au moment même où l'on maudit ici la commune, une association fondée sous les auspices de M. Stuart Mill prétend réformer la *redevance de la terre*, et expose, dans un pamphlet imprimé à Londres, son programme et sa doctrine : on y plaide l'émancipation de la terre encore asservie par des lois aristocratiques et l'abolition de la rente territoriale. Depuis longtemps, les privilèges de l'aristocratie sont ébranlés ; on y joint un grief nouveau. Qui songeait à prendre la théorie de la rente pour s'en faire une arme contre la classe des propriétaires même roturiers ? Les ennemis de la propriété opposaient à un droit ancien ce qu'ils appelaient des droits plus respectables, et les deux partis laissaient au percepteur le soin d'observer les inégalités de la rente et d'en tenir compte au cadastre. M. Mill ne l'entend pas ainsi ; à ses yeux, il faut transformer l'institution ; dût-elle en périr, ce ne serait pas payer trop cher l'application d'une loi économique. Comme on ne doit pas séparer un principe de ses conséquences, on s'aperçoit sans peine que celui-ci en a de fort lointaines. Pour nous, à qui il importe de regarder en face certaines doctrines, c'est une bonne fortune qu'elles empruntent le langage de la science ; au moins sur ce terrain la discussion est possible. Quand elles soulèvent des passions et des convoitises, quand il faut opposer la force à l'impatience des appétits déchaînés, nous savons par expérience que la lutte est humiliante et la victoire même amère.

Section I

Sans avoir approfondi la théorie de la rente, on conçoit que la propriété du sol soit un monopole dans les pays civilisés. Les hommes se multiplient, les capitaux abondent, la terre doit nourrir cette population croissante et pourvoir aux besoins nouveaux ; mais, si les habitants d'un territoire deviennent plus nombreux et plus exigeants, le sol qui les nourrit est borné, les efforts de l'exploitation ne sauraient franchir certaines limites. Par suite, les maîtres de la terre, libres de toute concurrence, deviennent aussi les maîtres du marché. Cependant les propriétaires du sol ne s'entendent pas entre eux : ils ne forment point une coalition pour accaparer les vivres comme autrefois les traitants, ils ne spéculent pas sur la fatalité de nos besoins. Ce sont ces besoins mêmes, sans cesse renouvelés, qui ont fait monter la valeur des terres les plus fertiles en réclamant le produit des plus pauvres. Comme il y avait assez de bouches pour tout consommer et assez d'argent pour tout payer, on a cultivé à grands frais les terres moins riches ; le produit plus cher s'est bien vendu ; les propriétaires mieux partagés, qui produisaient plus en dépensant moins, ont profité de la hausse des prix ; A quoi bon attirer les acheteurs par le bon marché, puisqu'ils étaient sûrs de vendre tout leur blé, et qu'il était impossible d'en tirer davantage d'un sol déjà fécond sans s'exposer à perdre l'intérêt des capitaux enfouis ? Ils ont accepté cette manne qui leur tombait du ciel, et pris possession sans effort d'un monopole naturel et légal. Ils ont pu dès lors confier à des mains étrangères le soin d'ensemencer leurs terres, de récolter les moissons et de les vendre, et ils ont encore touché un revenu sous le nom de rente territoriale ou de fermage. En Angleterre, le fermage est la règle et la petite propriété l'exception.

Ainsi au premier abord la possession paisible du sol a l'aspect d'un monopole ; la concurrence est limitée par la nature de l'industrie, et les produits sont tellement nécessaires aux hommes, qu'ils sont forcés de venir puiser à la source de toute subsistance, même au prix des plus grands sacrifices. La communauté aurait donc le droit de s'alarmer d'un privilège qui enrichit à ses dépens quelques-uns de ses membres, d'autant plus qu'en apparence ils restent inactifs et ne méritent par aucun travail des avantages inouïs.

Toutefois un monopole en lui-même n'a rien qui choque l'équité, s'il n'est pas artificiel. Il veut dire simplement que la nature a réservé à un petit nombre le débit de certaines marchandises ou l'emploi de certains agents : un moulin sur un cours d'eau est un monopole. L'avantage naturel ne devient injuste que s'il est aggravé par les lois civiles, ou exploité par la coalition des privilégiés. Nul n'adressera aux propriétaires ce dernier reproche ; le défaut d'accord, qui les soustrait au contrôle de l'état, est précisément la garantie du consommateur. Comment les cultivateurs de Normandie s'entendraient-ils avec ceux de la Beauce pour faire monter le prix du blé ? L'exploitation des terres médiocres, où il y a beaucoup de dépense et peu de profit, fournit le prix régulateur du marché. Si l'avidité d'un propriétaire voulait dépasser cette limite, les lois de la concurrence le réduiraient à se contenter, comme les autres, de la différence entre le prix courant et le prix de revient. Que la nation supprime ses tarifs de douane, qu'elle ouvre l'accès de son territoire aux blés d'Odessa ou aux laines d'Australie, si ses besoins n'augmentent pas en proportion, le prix courant de la laine et du blé baisse à l'intérieur ; la différence avec le prix de revient diminue d'autant, et la rente territoriale subit la même dépression malgré tous les efforts des propriétaires ; pour la maintenir, il faudrait rétablir le système désastreux de l'échelle mobile. Livrés à eux-mêmes, les propriétaires sont inoffensifs : comme toute loi naturelle, plus leur monopole paraît nécessaire, moins on doit redouter qu'il sorte des bornes où l'a enfermé la nature. Est-il vrai que la civilisation en aggrave le fardeau et qu'il faille soulager le consommateur d'un tribut payé à l'oisiveté ? C'est alors la complicité des lois qu'on accuse. Le grief n'a rien de surprenant, puisqu'un tarif de douane a la singulière puissance de faire monter ou baisser le produit de la rente territoriale.

Quand on pense toucher du doigt un abus, avant de se faire honneur de la découverte, il est prudent de consulter l'opinion publique et d'examiner si le malade qu'on veut guérir a le sentiment de sa souffrance. Au moins chez nous, il y a lieu de s'étonner qu'un peuple si jaloux de ses droits et si hostile à tous les privilèges supporte aisément celui-là. Les attaques mêmes de la commune, dirigées surtout contre le capital industriel, ont échoué contre la propriété du sol, et n'ont pas trouvé d'écho dans les campagnes. Au moment où la France convalescente met à contribution toutes ses ressources pour payer sa dette, c'est encore la propriété foncière qu'elle épargne ; les plus hardis, voulant atteindre le revenu de tous les capitaux, ne distinguent pas la rente territoriale des revenus du capital ou des profits de l'industrie. Pour tout autre qu'un savant, la possession d'une terre n'a qu'un avantage, celui de la sécurité. De grands établissements comme le Crédit foncier, en simplifiant les formalités du prêt sur hypothèque, favorisent la circulation rapide des immeubles, et dans la pratique de la loi on voit disparaître chaque jour les anciennes entraves que rappelle ce nom. Beaucoup de légistes demandent la révision de nos lois hypothécaires, qui gênent les transactions par la lenteur des formalités. Supposons un héritier faisant l'inventaire d'une succession récemment échue ; presque toujours, il trouvera des titres de propriété mêlés à des valeurs mobilières ; souvent, maître d'une fortune modique, peu soucieux de joindre à l'aisance du rentier la dignité d'un propriétaire, il fera plus de cas d'un revenu net, clair et régulier, que d'un fermage douteux ; jamais on ne lui persuadera qu'en touchant son fermage il est privilégié, et qu'en détachant les coupons d'une obligation il reste dans le droit commun. Ce n'est pas qu'un Français soit dégoûté de la terre ; mais il la recherche pour d'autres motifs. Nous vivons dans un pays de petite propriété ; le morcellement de la terre en répartit les avantages entre un grand nombre de citoyens. La qualité de propriétaire et celle de fermier se confondent souvent dans la même personne ; le propriétaire cultive lui-même, et l'on distingue à peine, dans le bénéfice qu'il réalise sans bruit, le résultat de ses efforts, le loyer de son capital et le revenu d'un monopole. Entrepreneur lui-même, ne peut-il considérer cet avantage naturel comme une compensation des chances qu'il court ? La naissance et le progrès de ces petits établissements sont entourés de mille difficultés ; l'achat de la terre, l'amortissement du capital, absorbent longtemps une grande part des profits, et le cultivateur qui crée son exploitation à force de labeur et de ténacité trouve un secours légitime dans la plus-value du sol. Ceux même qui abandonnent à un fermier les charges et les profits de l'exploitation ne forment pas en France une classe oisive et privilégiée : ils ont acheté la terre à beaux deniers comptants ; la part du monopole qu'ils exploitent représente le fruit de leurs économies, de leur travail. Grâce à l'abolition des vieux privilèges, ce monopole si dangereux passe de main en main, devient le prix du travail, est accessible aux petits capitaux, et leur offre l'appât d'un placement plus solide que lucratif. Le monopole n'est point détruit, il est vulgarisé, et l'attrait qu'il donne à la petite culture est pour la communauté une source de bienfaits politiques. On ne maudit plus la bande noire, et Courier n'aurait plus à la défendre. Enfin, dans la répartition des charges publiques, le législateur, encore imbu des principes des physiocrates, n'a pas oublié de faire contribuer largement la rente territoriale. Le système du cadastre est loin d'être parfait : les évaluations sont souvent inexactes, les classements douteux : certaines terres produisent plus aujourd'hui et paient moins que les autres ; mais en somme, les terres sont classées selon leur fécondité, et la charge la plus lourde retombe sur les propriétaires les plus favorisés.

De quelque manière qu'on l'envisage, la propriété de la terre, dans nos mœurs et dans nos lois, ne diffère pas sensiblement de tout autre capital. On ne peut refuser au propriétaire, pas plus qu'au capitaliste, le mérite de l'avance d'un fonds qui produit des intérêts ; quelquefois il peut réclamer la direction de l'entreprise, la comparaison utile des résultats épars sur une grande étendue de terrain, souvent l'encouragement donné aux efforts du fermier et la faculté de se relâcher sur la rigueur des fermages pour assurer le succès d'une opération ; l'excédent de la rente élargit le cercle des travaux agricoles, ouvre la carrière des expériences hardies, recule la limite des profits selon la générosité du propriétaire et même selon son intérêt bien entendu. Veut-on savoir où vont, les grandes fortunes faites à la Bourse ? On pourrait citer tel financier qui abandonne le tumulte de la *corbeille* pour consacrer à l'agriculture ses capitaux, sa pénétration et son audace. Il n'est pas rare de voir les grands propriétaires se soumettre volontairement aux variations des profits et prendre leur part des mauvaises années. Si l'on réfléchit aux services qu'ils rendent, si on compare le revenu modeste de leurs fermages au prix d'acquisition dont ils ont payé la terre, on ne les accusera pas d'abuser de leur monopole. La terre, qui coûte cher et qui rapporte peu, devient entre les mains des propriétaires l'avance nécessaire d'une grande industrie, et fournit du travail aux populations agricoles. L'exploitation, s'emparant du sol au prix d'un loyer modéré, peut appliquer tous ses capitaux au progrès, de l'outillage et à la perfection des procédés. Grâce à cette division du travail, qui fait supporter à l'un les charges de l'avance et à l'autre les frais de l'exploitation, l'état gagne au système des fermages la pratique d'une culture large et féconde, et une bonne assiette pour l'impôt. On peut s'étonner seulement que la rente, si modique, attire vers la terre des capitaux qui trouveraient dans l'industrie un emploi plus brillant et plus lucratif ; ne nous plaignons pas de cette préférence, née d'un instinct irrésistible, et que justifient d'ailleurs les calculs de la raison, car ce sol immuable offre de longues perspectives à la spéculation et un terrain solide aux espérances lointaines.

Que reste-t-il de la théorie abstraite des économistes ? Non-seulement nos lois n'ont pas aggravé le monopole naturel, mais elles en atténuent les inconvénients sans blesser les droits des particuliers. C'est une des œuvres les plus durables de la révolution. Est-ce encore un monopole, celui dont tant de gens se partagent les bénéfices ? A mesure qu'on étend le nombre des favorisés, l'avantage dont ils se prévalent cesse d'être une faveur. Ce qui leur reste encore de supériorité tourne au profit de tous, fournit un stimulant à l'activité, et, la spéculation aidant, sert à compenser par un peu de bonheur le hasard des chances contraires. Que le monopole ne soit pas entièrement détruit, que des causes fatales aient créé des supériorités naturelles, est-ce une raison pour régler arbitrairement le prix des céréales ? Ce serait frapper de stérilité les terres moins bonnes, dont cependant la consommation réclamé le produit, ce serait décourager les capitaux tout prêts à féconder un sol ingrat dans l'espoir d'en tirer un profit moindre, mais raisonnable, et réduire sans motif le revenu d'autres capitaux qui avaient payé cher les avantages des terres fertiles et qui avaient droit de les voir durer. On l'a fait cependant en 93 ; mais, dès l'année suivante, le système du maximum était abandonné ; la convention, qui décrétait la victoire, n'a pu vaincre la résistance des lois naturelles.

Sans doute, on n'a pas vu en France les capitaux s'emparer tout à coup de la terre par des ventes régulières : sans parler des biens nationaux, quand on cherche dans le passé, les acquisitions sont rarement légitimes en commençant ; mais, si l'on jette les yeux sur l'état présent du pays, il y a peu de propriétés dont les derniers titres n'aient été payés argent comptant. Ceux qui ont été transmis par succession ou donation empruntent leur légalité aux clauses d'un contrat plus ancien ; presque toujours, à l'origine d'une possession, on découvre le prix du travail et de l'épargne, qui sont les parchemins des peuples civilisés. Les détracteurs ou les partisans de la propriété oublient trop souvent qu'ils jugent des faits sociaux contemporains, qu'on ne doit pas les isoler des faits juridiques qui les entourent et qui les justifient. Ces philosophes n'avaient qu'à regarder à leurs pieds pour trouver la naissance des droits qu'ils voulaient défendre ou combattre ; ils ont fait tout le contraire : pour comprendre la société ? ils ont commencé par rompre avec elle ; ils ont voulu remonter la chaîne des traditions historiques jusqu'aux ténèbres de la barbarie, et démêler dans le chaos des premières conquêtes les titres de la propriété. Que l'écrivain s'appelle de Maistre ou Proudhon, l'erreur est la même. Moins aveuglés par la passion, ils eussent discerné chez nous, à la place des privilèges abolis, le prix du travail libre et le sceau des conventions librement formées. La loi impartiale ne se propose pas de redresser les inégalités naturelles, comme la supériorité des bonnes terres ; elle en fait le prix de l'effort, toujours possible, et de l'épargne, toujours respectée. Au contraire, réservez ces terres à l'exploitation de quelques privilégiés, retirez-les de la circulation, faites du revenu territorial l'excuse et le soutien d'une aristocratie ; aussitôt mille voix s'élèvent pour maudire un monopole qui absorbe sans dédommagement une grande partie de la richesse nationale. Supposez encore qu'une population active et commerçante, la plus riche du monde, s'élève en face de cette aristocratie, qu'elle juge de la fortune et du droit selon les règles du commerce, c'est-à-dire selon les risques qu'on court et la peine qu'on se donne ; vous comprendrez alors que la rente territoriale, immobilisée, tombe dans le discrédit, et que l'on écoute ceux qui osent l'attaquer.

Tel est le cas de l'Angleterre : dès qu'on passe la Manche, l'aspect de la culture, moins divisée, l'opulence des gros fermiers, l'état misérable des ouvriers agricoles, l'absence ou l'oisiveté des grands propriétaires, révèlent des mœurs et des institutions opposées. Ce sont là des faits connus. Sur l'héritage d'un simple *gentleman farmer*, on peut juger de tout le territoire ; toutes les maisons du village lui appartiennent, l'église est dans son parc, l'école auprès de l'église. Parmi les petits tenanciers, plusieurs vivent de la charité du maître ; les humbles marques de respect qui l'attendent sur son passage paraîtraient serviles à un Français. Quant aux paysans riches, on peut s'étonner qu'ils soient aussi dédaigneux de la terre ; il semble qu'ils achèteraient avec elle un peu d'indépendance. Au fond, le fermier ne se soucie guère d'acquérir un sol dont la possession n'ajouterait presque rien au bénéfice considérable de son industrie : l'achat du monopole coûterait plus cher qu'il ne rapporte ; dans un grand nombre de domaines, il serait tout à fait impossible. Les ouvriers, exploités par le fermier comme le sol lui-même, ne profitent pas davantage de la fécondité des terres et de la hausse des prix ; la rente va remplir les coffres du propriétaire et entretenir des loisirs qui ne sont pas toujours utiles à la chose publique.

Survienne un économiste anglais accoutumé à raisonner sur la propriété mobilière, qui fournit à l'Angleterre le plus clair de ses revenus : il verra aux mains du fermier tout ce que la culture peut donner de gain légitime, et sera forcé de proscrire la rente, ou de la défendre par des motifs de pure politique. Peut-il revendiquer pour elle les déplacements rapides qui la font passer de main en main, et l'assimilent peu à peu au revenu d'un capital ordinaire ? Un droit d'aînesse encore florissant, des majorats toujours respectés, maintiennent une partie des terres entre les grandes familles ; le domaine est un apanage pour l'héritier du nom, qui se contente de la rente territoriale, et ne cherche pas à tirer de la terre tout ce qu'elle peut donner. Ajoutez que la fortune mobilière va souvent compenser chez les frères puînés le désavantage de la naissance, et que le chef de famille, mieux pourvu de terres que de capitaux, ne peut trouver dans son maigre trésor les fonds nécessaires aux frais croissants de l'exploitation. Enfin l'état n'a pas contenu par un impôt régulièrement assis l'essor rapide de la rente territoriale. Sans doute l'aristocratie anglaise, par un hommage tacite à l'égalité et à la raison, surtout par nécessité politique, a payé de nombreux sacrifices sa grande influence et ses privilèges arriérés. Pitt, à bout de ressources, a pu la rançonner en lui faisant racheter le capital d'un impôt imaginaire, ses défenseurs même, obéissant à l'opinion publique, ont dû ouvrir le marché anglais aux céréales étrangères ;

mais ces concessions accidentelles ne devaient effacer ni la haine du monopole encore vivant, ni le regret des améliorations dont il privait l'agriculture. « Les lois de la terre, dit M. Stuart Mill, ont été faites à un âge où les maîtres du sol en étaient les conquérants ; il ne faut donc pas s'étonner si elles attendent une réforme… Le but de l'association est de déclarer la guerre aux vestiges de la féodalité, et son espérance d'être soutenue par tous les vrais libéraux, sans en excepter ceux dont la hardiesse réclame des changements plus graves. »

Section II

En effet l'association propose, dans les premières lignes de son manifeste, de briser les entraves dont la loi et le fisc ont entouré la transmission de la terre : on abolirait le droit de primogéniture et toutes ces dispositions arbitraires qui ont pour objet d'enchaîner le sort de la terre. Des liens asservissent le sol au succès d'une doctrine politique ; si M. Mill, satisfait de les avoir rompus, se bornait à détruire un privilège historique pour atténuer les effets d'un monopole naturel, il se ferait l'apôtre de l'égalité civile ; un jour, la nation, docile à ses conseils, mettrait aux enchères les immenses domaines de la noblesse, et la rente territoriale, entre les mains de l'acquéreur, ne serait plus qu'un juste profit.

Reste à savoir si la nation tout entière ne gagne pas à maintenir son aristocratie ; M. Stuart Mill hésiterait peut-être à la sacrifier, si, de philosophe, il devenait tout à coup homme d'état. On a vu de ces conversions subites, parce que l'exercice du pouvoir instruit mieux que vingt ans d'études. Est-il donc inutile, chez un peuple fort absorbé par le négoce, d'avoir une noblesse moins acharnée à s'enrichir qu'attentive à ne point déchoir ? Celle-ci a tant de qualités qu'elle fait l'envie des autres nations. Elle offre à l'émulation des Anglais les plus beaux types du caractère national, et à leur respect les souvenirs les plus vivants de leur histoire ; on l'a vue contenir et diriger, même à ses dépens, la politique de l'Angleterre, qu'elle sait représenter dignement à l'étranger, car elle a cet avantage sur le reste de la nation, que son regard peut dominer et franchir l'horizon commercial où les autres se renferment. C'est aux Anglais de se bien connaître et de voir si de pareils bienfaits ne valent pas, outre les sacrifices d'argent, l'ajournement même de l'égalité qui doit achever de les rendre libres. Il faut se garder d'omettre, par simple calcul d'intérêt, une utilité d'un ordre plus relevé dont on jouit depuis longtemps, et dont la perte est irréparable.

Mais M. Mill et ses partisans ne se contentent pas de l'égalité civile ; à leurs yeux, la rente est toujours le bénéfice d'un monopole, elle pèse d'autant plus sur la nation qu'elle augmente en raison directe de la population et de la richesse : pour un disciple de Malthus, c'est une image effrayante et qui obsède l'esprit. L'abolition des vieilles lois ne suffit donc pas ; il faut transformer le monopole naturel. S'il nuit aux intérêts des consommateurs, la nation tout entière en souffre ; elle doit donc confisquer un injuste excédant et retrouver sous forme de rente ce qu'elle perd dans la consommation : que l'état devienne propriétaire du monopole, qu'il en recueille les bénéfices, et toutes les plaintes cesseront comme par enchantement.

M. Mill remettrait volontiers à l'état la direction de toutes les industries : il a un goût décidé pour la centralisation ; c'est ainsi que certains esprits réagissent contre les abus dont ils sont frappés en adoptant le préjugé contraire. En France, le dernier des administrés connaît les défauts de la centralisation : on n'épargne guère les services publics ; les écrivains, qui ne sont point avares de critiques, plaident avec chaleur la cause des indépendances locales et de l'initiative de chacun. Selon l'opinion la plus modérée, attribuer à l'état l'exercice de tous les pouvoirs et le mérite de toutes les entreprises, c'est pencher vers le despotisme d'un maître ou vers la tyrannie de l'Internationale. En Angleterre, les capitaux privés ont tout entrepris et tout achevé ; il n'est pas un service public qui ne porte l'empreinte du zèle d'un particulier, et la plupart des services sont encore entre les mains des grandes compagnies : les chemins de fer, les eaux, le gaz, les ports, les docks, les canaux, tout est organisé par de vastes commandites, sans subvention et presque sans contrôle. L'avidité des capitalistes intéressés dans ces opérations, aux prises avec les exigences du public, devait faire naître quelques conflits et semer quelques désordres. On a pu craindre que ces petites républiques, devenues un jour trop puissantes, ne fissent un état dans l'état ; leurs administrateurs, entourés du prestige des grands fonctionnaires, mais plus indépendants, maîtres d'une influence dont la communauté tout entière aurait ressenti les effets, pouvaient être dangereux pour le gouvernement. Les Anglais s'alarment d'une liberté industrielle que nous leur envions ; ils ne veulent plus laisser les grands monopoles aux mains des particuliers, et tandis qu'on travaille ici à restreindre les attributions de l'état, leurs économistes songent à les étendre. M. Mill le premier vante les bienfaits de cet administrateur désintéressé, dont l'activité profite au dernier des citoyens.

Nous savons qu'il faut en rabattre. Dans tous les cas, ce prétendu monopole de la terre qu'on veut restituer à l'état est fort différent des autres : il ne s'agit plus, pour le gouvernement, de supporter les frais d'une entreprise en même temps qu'il en recueille les bénéfices ; en lui donnant la terre, on met à son service l'activité, les travaux, les efforts des particuliers, et on verse dans son trésor ce qu'ils ont pu tirer d'un avantage naturel. Qui n'entrevoit les suites d'une pareille doctrine ? Quel trouble dans les rapports des particuliers et de l'état ! Quel encouragement pour les parasites qui veulent vivre sur le fonds commun sans effort et sans travail ! Ordinairement l'état, s'il se fait entrepreneur, est traité à l'égard des particuliers comme l'un d'entre eux ; il paie ce qu'il achète ; il travaille pour récolter. Même en percevant l'impôt, il ne prend que l'équivalent de la sécurité et de la protection qu'il assure aux particuliers : chacun paie, d'après les principes de l'égalité civile, selon les avantages qu'il retire de cette protection. Partout l'état a des droits et des devoirs : ici, il n'a que des droits. Le nom d'impôt ou de monopole déguise des prétentions nouvelles : on demande compte aux particuliers des inégalités naturelles qui les distinguent, et on en perçoit le fruit. La société s'approprie cet avantage, non par des efforts ou par des sacrifices, mais en vertu d'une mission providentielle sur laquelle on ne s'explique point.

En prêchant la guerre contre le droit d'aînesse, M. Mill était sûr de se faire écouter ; il est plus réservé quand il porte la main sur le monopole de la terre : il déclare que l'association n'a jamais pris sur elle de toucher à la propriété privée. M. Mill n'aime pas les mots nouveaux. Il sait qu'on peut faire accepter à ses concitoyens les idées les plus hardies, pourvu qu'on déguise l'audace de la pensée sous le respect de la forme. Enrichir l'état aux dépens des particuliers, supprimer du même coup une injustice et trouver pour le pays la source d'une nouvelle prospérité, ce serait une belle découverte qu'un autre annoncerait pompeusement : il veut au contraire la faire passer sans bruit sous des noms connus. C'est un impôt : qui songe à se révolter contre l'impôt, surtout quand il retombe sur des privilégiés ? Ou bien l'état n'est qu'un intermédiaire qui achète peu à peu les terrains à vendre pour les affermer ; il se fait débitant de terres comme il est débitant de tabac. Ainsi les deux grands canaux qui alimentent le fisc, l'impôt et le monopole, serviront de lit à cet autre fleuve si abondant, dont les eaux, trop répandues, ont été détournées de leur véritable cours. En effet, l'association réclame l'établissement d'un impôt « qui limite pour l'avenir les progrès immérités de la rente territoriale. » Cette taxe supprimerait toute la part d'accroissement qui est due non aux efforts et dépenses des propriétaires, mais aux besoins de la population et de la richesse ; les détenteurs resteraient libres d'abandonner leur propriété à l'état, et recevraient en échange une estimation. En même temps, on favoriserait les sociétés agricoles, l'état achetant les propriétés à vendre. et les confiant aux sociétés coopératives qui offriraient la garantie d'efforts suivis et de résultats efficaces.

Est-ce donc un véritable impôt, celui qui absorbe tout ou partie du capital qu'il frappe ? L'impôt n'est perçu par l'état sur les capitaux qu'à la condition d'en protéger la jouissance et l'exploitation. S'il les absorbe au lieu de prélever sa part de revenu, peut-on dire qu'il les protège ? Qu'importe au capitaliste qu'il y ait une police pour garder sa maison, une armée qui veille sur sa sécurité, des tribunaux qui consacrent ses droits ; s'il achète ces avantages au prix de tout son bien ? A quoi bon tant de peine pour le garder, si on ne lui laisse rien à garder ? L'impôt de M. Mill n'est qu'une expropriation déguisée. S'il s'agit du grand propriétaire qui loue ses terres à des fermiers, ira-t-il payer une taxe qui dévore toute sa rente, c'est-à-dire tout ce qu'il a ? Autant dire qu'il se laissera dépouiller tranquillement du fruit de ses avances. Quant au petit propriétaire qui exploite à ses frais, en lui prenant sa rente on lui enlève la qualité même de propriétaire : il n'est plus que fermier, puisqu'il doit se contenter des profits de son industrie ; cependant il a payé la plus-value du sol qu'il féconde : c'est une partie de son capital. A-t-il dit à ses voisins les privations qu'il s'est imposées ? Il compte les espérances par les sacrifices. Enfin il va être récompensé de ses peines ; son champ rapporte, son blé mûrit, la faucille est prête : vient un agent du fisc qui rembourse les journées de travail, le prix des instruments, et qui emporte le reste.

Quant aux sociétés agricoles, leur encouragement n'est qu'un prétexte : comme l'état ne leur laisserait aucun droit sur la rente, elles deviendraient des associations de fermiers ou d'industriels ; mais ne changeraient rien au monopole de la terre. Si on les laisse libres et maîtresses du sol, elles voient renaître entre elles les mêmes inégalités qui distinguaient les anciens propriétaires ; l'état n'y gagnerait point. M. Mill au contraire lui assure la haute main sur ces sociétés, et les soumet au même régime que le simple fermier.

Le jour où un pareil impôt serait voté par le parlement, l'état deviendrait le grand propriétaire foncier de l'Angleterre. Quand cette expropriation générale serait légitime, en fera-t-on la sauvegarde des intérêts agricoles ? Les riches fermiers qui exploitent le sol anglais sont-ils assez indépendants pour qu'un tel changement ne trouble pas leur industrie ? N'oublions pas que, dans le système, une première réforme détruira d'abord les privilèges du rang et de la naissance, que les terres entreront dans la circulation, que le monopole n'aura plus rien d'odieux, et que les acquéreurs seront simplement les bailleurs de fonds de l'agriculture, comme chez nous. Puisque M. Mill annonce l'affranchissement de la terre, il doit accepter les conséquences de ce grand mouvement ; les nouveau-venus prendront part au succès de l'entreprise qui fera valoir leur argent ; ils feront des sacrifices en réduisant les fermages pendant les mauvaises années, et des avances en appliquant à la culture le revenu du sol accumulé par l'épargne. L'union des intérêts individuels permet et favorise ces transactions : les contrats à bail en portent l'empreinte, et sur les contrats viennent se greffer mille conventions tacites ou purement verbales, plus souples que l'engagement primitif, plus conformes aux besoins d'une industrie qui a ses fortunes diverses. Qu'on aille en France consulter les livres des propriétaires intelligents : combien de fois ont-ils accepté un fermage bien inférieur au chiffre nominal de la rente stipulée, sauf à se faire dédommager plus tard ! Partout où la terre donne plus d'espérances que de résultats, partout où les promesses, fécondées par le capital, peuvent un jour dépasser le rendement, la spéculation s'en mêle, et devient d'autant plus hardie qu'elle construit sur une base moins fragile. Si l'état s'approprie la rente, la spéculation se décourage, car les profits ordinaires ne lui suffisent pas ; pour se priver, il faut entrevoir dans l'avenir de gros bénéfices.

On ne persuaderait pas plus au fermier de déchirer son bail : l'échéance éloignée et certaine laissait un aliment à son activité et une mesure exacte à ses espérances ; dans les limites de son engagement, il pouvait tirer un profit plus étendu des améliorations et de la prévoyance, car il faut de l'habileté pour utiliser les circonstances extérieures. Penché sur le sol, le fermier observe l'œuvre lente des saisons, du climat, de la terre. On dirait qu'il entend le germe travailler sous la glèbe ; suivez-le, quand la récolte est faite, et qu'il parcourt ses champs dénudés : à voir ses mains oisives et sa démarche indifférente, on le croirait inactif ; c'est qu'il rumine dans sa tête les projets de l'année suivante ; toute la science des agronomes ne vaut pas, pour la terre, cette intimité de tous les jours. Or tant que le contrat est maintenu, le fermier bénéficie des avantages fortuits ; il les recherche donc avec la même ardeur que le propriétaire, seulement sa spéculation a un terme plus rapproché, celui du bail, tandis que le propriétaire peut tenter avec fruit les opérations à longue échéance. Est-il étonnant que la valeur des terres ait monté rapidement, sous la double impulsion de ces intérêts combinés, si propres à mettre en lumière les qualités naturelles du sol ?

L'intervention de l'état paralyse les contrats ; l'inégalité des contractants est trop grande pour laisser à chacun sa liberté. Si l'état use de toute sa puissance, il dicte ses conditions au fermier ; s'il reste passif, il se laisse frustrer, il offre une prime à la fraude. Peut-il accepter les obligations qu'un pareil contrat mettrait à sa charge ? peut-il s'engager à réparer un hangar qui menace ruine, à renouveler tout un capital fixe, dont maint propriétaire accepte l'entretien ? peut-il suivre les conventions à travers les formes variées qu'elles empruntent ? Voyez cette ferme : pourquoi les travaux sont-ils languissants ? C'est que le propriétaire est malade ou absent ; il ne peut écouter les doléances de ses fermiers, élargir une écurie, commencer un drainage, arrondir un coin de terre ; l'état sera toujours ce propriétaire sourd et d'un abord difficile.

Qui devra mesurer la somme à payer ? Aujourd'hui, cette mesure est le contrat lui-même, librement débattu entre les parties : le fermier n'en accepte les charges qu'en échange des profits certains ou imprévus ; quand le rendement de la terre vient à dépasser la moyenne des profits pendant la durée du bail, le contrat nouveau qui succède au premier tient compte de la différence et fait monter la rente ; la liberté du débat, les espérances du propriétaire mises en balance avec les intérêts du fermier, voilà les bases du forfait. Si le contrat s'évanouit, la rente est insaisissable : elle varie comme les circonstances économiques. Le percepteur se présente à la ferme et réclame un impôt double : le fermier se récrie ; on lui apprend que la récolte a été mauvaise en Crimée, qu'il vendra mieux son blé, et que le trésor en profite. L'état peut, il est vrai, maintenir jusqu'à une échéance fixe sa première évaluation ; mais encore faut-il qu'il en fasse une, et les termes du problème, qu'il est forcé de résoudre seul, ne cesseront de lui échapper, s'il ne veut pas d'une solution arbitraire. Par exemple, dans le prix des céréales, il devra distinguer la part des profits et la part des avantages naturels, il devra mesurer exactement l'influence de la population et de la richesse sur la plus-value des produits ! Où s'arrêteront ses calculs ? Si une loi de douane, comme l'impôt sur les matières premières, protège l'agriculture en écartant la concurrence des nations rivales, n'est-ce pas un avantage fatal où le travail du fermier n'entre pour rien ? L'état sera donc d'autant plus exigeant que ses lois seront plus protectrices, et reprendra d'une main ce qu'il donnait de l'autre. Il faut être logique, et ne laisser au fermier que le seul produit de son travail : une route, un canal, le soleil, la pluie, l'application d'un nouveau système dont il n'est pas l'inventeur, voilà autant de circonstances qui l'ont favorisé, et qui doivent enrichir l'état. Que les agents du fisc ne s'endorment pas : le progrès de la rente est rapide et continu, et s'ils négligent de refaire les rôles, voilà toute une classe nouvelle de privilégiés qui prend racine sur le sol.

Quelle exploitation peut se soutenir avec de telles menaces, quelle industrie prospérer sous l'œil jaloux d'un propriétaire tout-puissant et irresponsable ? L'histoire n'offre pas l'exemple d'un despotisme aussi vexatoire, mais elle peut nous montrer les suites d'un impôt dégénéré, toutes les fois qu'il a servi à la rapacité du fisc pour déguiser de véritables spoliations. Qu'on visite la Turquie d'Europe et les plaines jadis fertiles de la Grèce d'Asie : partout des terres d'une richesse admirable offrent un aspect désolé. Ce sol, berceau de l'antique civilisation, ce sol qui a enfanté tant de peuples vaillants et actifs, suffit à peine à nourrir quelques populations chétives. Les Grecs entreprenants ne cessent de le fouler et de le parcourir en tout sens pour l'intérêt de leur négoce, nul ne songe à le féconder par la culture ; c'est que le fisc de la Porte leur enlèverait bientôt le produit de leurs efforts et les chances de la spéculation. Les capitaux désertent la terre, et les exigences de l'état la frappent de stérilité. N'en déplaise à M. Mill, l'accouplement inégal d'un intérêt général avec des intérêts privés ne peut être que funeste à la terre ; les particuliers, livrés à la merci de l'état, ne tarderont pas à délaisser une industrie sans cesse entravée ; des prolétaires seuls, de pauvres gens vivant au jour le jour, s'accommoderont, comme en Orient, d'une ingrate sujétion.

Reste une ressource désespérée, qui devient aussi le triomphe du parti. L'état, lassé d'une lutte infructueuse, se décide à empiéter encore ; il prend en main l'exploitation et la confie à ses agents, comme aujourd'hui la coupe réglée de ses forêts. N'est-ce pas là le vœu des réformateurs auxquels M. Mill fait appel en commençant ? Lui-même, placé sur la pente, ne peut plus s'arrêter ; il ne fait pas grâce aux terres incultes. Le gouvernement juge de la plus-value qu'elles peuvent acquérir, ordonne à leurs propriétaires de les cultiver ou de les vendre ; il se mêle donc de l'exploitation, il se charge de l'appliquer et de la diriger. Toutes ces terres, « qu'on ne peut enclore sans un acte du parlement, » deviendront propriété nationale, sauf compensation pour les droits du manoir ou de la commune. Et qu'on n'espère pas soustraire à ce niveau les terres où la fantaisie des propriétaires laisse agir la nature ; il serait trop facile vraiment de se dérober à l'impôt en se croisant les bras, sous prétexte de jouissances aristocratiques. Si l'on veut conférer au gouvernement autre chose qu'un vain droit, il faut couvrir de fonctionnaires le territoire tout entier.

Ainsi l'état, sous peine de voir dépérir la rente entre ses mains, doit pousser jusqu'aux dernières conséquences l'exercice de cet étrange monopole ; il renonce au bail librement contracté, parce qu'il ne peut en subir les charges et en accepter les formes variées ; il supprime les derniers vestiges de l'appropriation, parce qu'il règle arbitrairement les profits et apprécie lui-même la rente. Peu à peu, devant le retrait des capitaux et le découragement des travailleurs, il remplace l'initiative privée par l'action directe de ses agens ; seul dispensateur de la prospérité nationale, il confisque les terres incultes pour les mettre en valeur, passe la charrue sur les parcs longtemps respectés, et étouffe leur stérile beauté sous une fécondité sans attrait.

Section III

Les apôtres de l'Internationale ne tiennent pas un autre langage ; comme M. Mill, ils veulent remplacer l'action de l'individu par celle de l'état ; ils font de la terre le patrimoine de toute la nation, et enchaînent les particuliers à la communauté par les liens d'une étroite dépendance. M. Mill, qui combat avec les socialistes l'appropriation du sol, refusera-t-il de les suivre dans l'atelier ou dans l'usine ? Pourquoi ce scrupule ou cette contradiction ? Si l'état se réserve les avantages de la nature, pourquoi épargner l'industrie ? Les agents naturels sont nombreux ; ils ne demeurent pas tous fixés au sol, ils circulent dans les fabriques pour seconder les efforts du travail et du capital. Le capital même, lancé dans l'entreprise, n'est pas toujours dû au mérite du capitaliste ; les talents de l'entrepreneur, les qualités de l'ouvrier leur appartiennent à peine, car ce sont aussi des agents naturels, partant des privilèges. Dès qu'on mesure la propriété privée sur le mérite de l'individu, et qu'on lui demande compte, au profit de l'état, de tout ce que la nature a fait pour lui, on arrive à réduire sa part selon le niveau commun, car l'effort même, qui est inégal chez chacun, est dû à des qualités morales inégalement réparties ; il faut réduire chaque homme aux qualités abstraites de l'espèce, et lui imposer le joug d'une égalité toute philosophique.

M. Mill ne repousse aucune de ces conséquences : déjà, dans ses *Principes d'économie politique*, en exposant les doctrines des socialistes les plus connus, il avait trahi ses préférences, et jeté le germe de sa réforme. Si l'on veut mesurer au juste les prétentions du parti radical, on ouvrira ce livre au chapitre de la propriété. Jamais on ne croirait qu'une simple erreur de méthode pût mener si loin.

Au début, l'auteur chemine avec le sens commun ; l'écart est peu considérable. A mesure qu'il avance, il s'en éloigne davantage, et, au bout de la route, ses admirateurs surpris ne le reconnaissent plus. Quel est donc le défaut de cette méthode tant vantée ? Certains voyageurs font le tour d'un temple grec, comptent les colonnes, remarquent la qualité des marbres et la composition du ciment, puis ils s'en retournent, pensant avoir tout vu. D'autres connaissent à fond l'aménagement du temple, ils savent l'endroit précis où était l'autel et l'usage de chaque pierre ; mais ils restent froids lorsqu'on leur parle de l'harmonie des formes et de la proportion exquise de l'édifice. Si l'un de ces amateurs devient architecte, il fera des maisons plus commodes que belles ; il lui arrivera même de sacrifier la commodité au profit, et d'entasser jusqu'aux combles les malheureux habitants. C'est à peu près ce que fait M. Mill lorsqu'il examine des institutions, et son erreur est la même : il compte les pierres du temple, il n'en saisit pas l'ensemble. Qu'on ne lui parle pas de droit et de justice : sont-ce là des choses qui se comptent et se pèsent ? C'est une espèce de proportion et d'harmonie que l'on met dans les sociétés ; les hommes reproduisent dans leurs lois l'équilibre qu'ils rêvent, comme l'artiste conçoit la forme d'un monument digne du dieu qui l'habite. Pure chimère, M. Mill ne croit qu'à ce qu'il voit. On ne peut l'entendre sans songer à ce personnage de Dickens qui est l'image vivante d'un fait, et qui veut qu'on remplisse de faits la cervelle humaine.

Cette méthode est bonne dans les sciences physiques ; mais en politique et en morale est-elle suffisante ? Il y a bien quelque chose au-dessus de la coïncidence des faits ; la conscience a son franc-parler, même quand l'histoire a prononcé ; un savant qui ne l'écoute pas ne doit rien entendre aux jugements qu'on appelle des principes, car ils sont souvent violés dans la pratique. En morale, la notion de mérite et de démérite est-elle éteinte parce que la bonne action n'a pas toujours sa récompense, ni la mauvaise sa punition ? En droit, les principes de liberté et d'égalité ont reçu du fait brutal les plus éclatants démentis ; jamais, dans la civilisation la plus avancée, ils n'agiront avec la même régularité que le principe de la pesanteur, et cependant ce sont des lois dont nous nous rapprochons sans jamais les atteindre. Voilà des idées qui échappent à l'analyse de M. Stuart Mill ; selon lui, tous les faits dont le libre arbitre peut dénaturer la liaison logique sont d'institution humaine ; on peut donc les remanier sans scrupule en s'inspirant des lois économiques beaucoup moins vagues que ces notions de justice et de droit. Lorsqu'il se propose de comparer les avantages de la propriété collective et de la propriété individuelle, il ne saurait être impartial, car il est prêt à tout sacrifier à l'intérêt général. Il avoue d'abord que l'utilité de tous n'est pas la règle unique en fait de répartition, qu'il faut tenir compte de l'équité, c'est-à-dire des droits de chacun ; mais le droit est à ses yeux un fait comme un autre, avec ce désavantage qu'il est parfaitement arbitraire, puisque dans une société on le donne ou on le retire à la majorité. S'il entrevoit le principe d'équité, il le détruit à l'instant même en prenant pour mesure la volonté du plus grand nombre ; comment trouver un fondement plus solide ? Il agit en véritable économiste : c'est l'utilité générale qu'il invoque pour justifier ou condamner le droit des individus. « Je vais peser vos droits, dirait un despote à ses sujets, mais je prendrai pour balance mon intérêt. »

Cette confusion des deux principes égare la discussion dès les premiers pas. Sans doute, l'auteur a raison d'écarter les nuages de l'origine historique, et de ne pas réduire l'homme à l'isolement pour observer la naissance de ses droits ; mais est-il moins chimérique de transporter sur un sol vierge une société neuve, et de lui donner le choix entre les deux systèmes de propriété ? La colonie débarque dans une terre promise avec un outillage complet dont elle doit régler l'emploi ; d'où lui vient ce capital ? Ne faut-il pas qu'elle l'ait reçu d'un particulier ? Si tous les colons ont apporté leur part, ne devaient-ils pas s'être enrichis d'abord par la propriété privée ? S'ils ont fondé une association sans capital, n'apportant que leur travail, au moins le travail leur appartient, et la société ne subsiste que par les efforts de chacun. L'auteur, pour construire son raisonnement, invente une société idéale ; mais il place à l'origine la propriété collective : il suppose ce qu'il devait prouver.

Cet observateur minutieux est tellement entêté d'intérêt général, qu'il fait violence aux faits d'observation : l'intérêt privé n'aura bientôt plus de prise sur l'âme humaine, ou du moins, si on en supprime les ressorts, on imaginera un mobile plus puissant, l'amour du « bien public. » Certes voilà un noble instinct ; mais pourquoi proscrire le motif intéressé ? peut-on mutiler nos facultés ? L'auteur en appelle à l'antiquité, où, selon lui, le bien public a souvent fait taire la voix des intérêts particuliers. L'exemple des petites républiques ne prouve rien ; le nombre des citoyens était assez restreint pour confondre leur intérêt avec celui de l'état ; chacun recueillait directement le fruit des sacrifices qu'il faisait à la chose publique. L'agrandissement des états a toujours émancipé les intérêts privés ; il suffit de consulter les lois de Rome : à mesure qu'elle reculait les limites de son empire, l'omnipotence de l'état, d'abord absolue, allait en s'affaiblissant. D'ailleurs le motif intéressé mérite tout notre respect : tant que l'homme se sentira libre et maître de lui-même, il s'attribuera d'abord le bénéfice et les risques de ses actes. Les exigences de l'intérêt personnel ne peuvent se séparer du sentiment de la responsabilité morale ; imposer à des citoyens la docilité d'une abnégation aveugle, c'est engager l'état à réparer leurs sottises et à fermer les yeux sur leurs fautes.

Qu'est-ce donc que l'amour du bien public, s'il n'est pas spontané ? Le dévouement aussi est inséparable de la responsabilité et de l'intérêt privé, non parce qu'il en use, mais parce qu'il y renonce. Si on efface l'un, on enlève à l'autre toute son énergie : l'ardeur du sacrifice s'éteint par la nécessité de l'accomplir. Or M. Mill admet avec M. L. Blanc que la morale de la responsabilité est une morale de transition ; il salue l'aurore d'une ère plus parfaite, où la fraternité deviendra loi de l'état, où le plus capable sera dépouillé au profit du plus disgracié, où l'habile dépensera ses forces pour entretenir l'indolence de l'ignorant. Est-ce donc un progrès que de défigurer le type de l'homme ? Ne voit-on pas la vanité de ces conceptions qui sacrifient les individus à la communauté, et leur enlèvent jusqu'au mérite des vertus dont elle s'honore ?

La liberté périt avec le reste, malgré les efforts de l'auteur pour la sauver : il veut que la société fixe à chacun l'emploi de ses facultés, qu'elle répartisse les produits selon ses vues ; il admet qu'elle exerce sur ses membres un contrôle de tous les instants. Néanmoins ils sont libres, parce qu'ils peuvent changer de place, aller et venir, et même dépenser leur part comme ils l'entendent. En vérité, le prisonnier dans sa cellule jouit à peu près de la même liberté : il peut se promener en long et en large, si sa chaîne le lui permet ; il peut même prendre l'air sur une terrasse, s'il est docile et n'effraie pas ses gardiens ; quand l'état lui a donné sa cruche d'eau et son morceau de pain, on ne s'inquiète pas de savoir comment il les dépense : l'heureux prisonnier peut verser l'eau sur des fleurs et jeter ses miettes aux oiseaux, sans attirer sur lui la vindicte publique. Voilà une singulière notion de la liberté pour un Anglais !

Aux arguments désespérés qu'il emploie, on pourrait croire qu'il sent la faiblesse du système. Quand on lui oppose un fait incontestable, il n'a garde de le nier ; mais aussitôt je ne sais quel mirage trompeur d'égalité vient obscurcir la netteté naturelle de son jugement. Si l'objection devient trop pressante, et si l'auteur a épuisé toute sa philosophie, il tourne un regard attristé sur le monde imparfait où nous vivons : il énumère nos préjugés, il compte nos injustices, il pleure sur nos maux ; le plus mauvais des systèmes socialistes lui paraît préférable à l'état actuel de la société. Que penserait notre prisonnier, si un philanthrope venait lui dire : « Mon ami, vous demandez de l'air et du soleil, vous voulez briser votre chaîne, vous réclamez une nourriture plus délicate ; mais ces gens qui vont et viennent là-bas ont leurs soucis et leurs maux ; toutes les chaînes ne sont pas dans les prisons. Il y a beaucoup de malheureux qui se chauffent ; au soleil ; il y en a d'autres qui ne sont même pas sûrs d'avoir un morceau de pain et une cruche d'eau... » A quoi nous sert la pitié de M. Mill, si le remède qu'il propose est pire que le mal ? Mieux vaut notre liberté, avec ses ressources et ses défaillances, que le triste niveau d'une égalité tyrannique.

D'ailleurs il y a beaucoup d'illusion dans ces doléances. M. Mill examine en gros le résultat des inégalités sociales et les déclare injustes *a priori*, sans faire la part de la responsabilité individuelle. Il n'admet pas que beaucoup d'hommes deviennent les : artisans de leur destinée, soit en l'améliorant, soit en la rendant pire. Le sombre tableau qu'il nous montre n'est même pas fidèle ; on y voit la distance qui sépare les classes : de la société, mais non les liens qui les unissent. Cependant nous sommes accoutumés à compter parmi nos richesses nationales les capitaux des riches, les talents des habiles, et les membres les plus humbles de la communauté profitent indirectement de ces avantages : le mouvement des capitaux leur fournit du travail, le talent des entrepreneurs les en traîne dans le succès des grandes entreprises, et la concurrence, tant maudite par les écrivains socialistes, en excitant la production, multiplie les salaires. La nation ne fût-elle qu'une collection d'usines, il y aurait encore profit pour les plus déshérités à respecter le bien d'autrui.

C'est une fausse idée, malsaine, étroite, qui fait consister le bonheur de chaque homme à n'en pas voir de plus heureux que lui ; on appauvrit les riches et on n'améliore pas la situation des pauvres, car on arrête l'essor des grandes industries ; reste le triste avantage de rabaisser tous les citoyens à une commune médiocrité. Il est bien permis de regretter aussi, avec le refroidissement du travail, les bienfaits perdus de l'inégalité. En effet, l'état n'est pas seulement un dispensateur et un contrôleur qui maintient l'équilibre entre les particuliers. Son rôle est plus relevé, sa mission plus haute, c'est une personne qui a des qualités et des défauts, mesurés sur le mérite des citoyens ; chacun d'eux conspire à la grandeur de la communauté, chacun profite, grâce à l'échange des idées et au commerce des mœurs, des qualités nationales qui sont nos titres de gloire dans le concert des peuples. Cette splendeur, dont l'éclat rejaillit sur le plus humble, la nation l'emprunte aux nobles loisirs des classes aisées, elle la doit aux études persévérantes des artistes et des savants, dont l'inspiration et le labeur deviendraient impuissants, si on leur retirait le soutien et la protection du capital. Plus d'art, plus de progrès, plus de belles-lettres ; l'intelligence immobile se dépense à la tâche de chaque jour et néglige de fréquenter les hauteurs où elle s'ennoblissait par le commerce de l'idéal. Les économistes eux-mêmes, dans le calcul des revenus publics, n'auraient pas dû omettre des avantages nationaux que les étrangers viennent chercher à grands frais, et qu'ils paient de bon argent ; mais on rougit de s'arrêter à de pareils regrets quand il s'agit de dégrader une nation et de former un troupeau. A force de ravaler la dignité de l'homme pour augmenter son bien-être, ces philosophes ont dénaturé l'utilité publique, dont ils faisaient leur idole ; ils ressemblent à ces médecins qui, pour avoir étudié toute leur vie les maladies du corps, ne croient plus aux qualités élevées de l'âme, et réduisent toute leur science à un empirisme grossier. La société ne diffère pas de ceux qui la composent : elle a, comme eux, de hautes facultés qui s'accommodent mal des entraves ; ce qu'elle gagne en pouvoir, elle le perd en dignité et en intelligence ; elle porte elle-même le poids des chaînes qu'elle impose à ses enfants.

Pour démasquer l'imposture des faux prophètes et dissiper du même coup les illusions des esprits généreux, il faudrait mieux qu'un raisonnement : une courte expérience mettrait à nu les vices du système. On verrait la terre elle-même, dépouillée de ses agréments par le zèle des réformateurs, porter le deuil du caprice et de la nature. Les disciples les plus fervents de la doctrine sont envahis par un abattement profond quand ils contemplent en esprit la terre transformée et enlaidie par le triomphe de l'utile. L'homme se lasserait bientôt de régner sans partage sur ce sol appauvri à force d'être riche ; il y chercherait vainement la satisfaction des instincts supérieurs qui trouvent leur aliment dans le commerce de la nature ; il perdrait le sens des lois qui la gouvernent et auxquelles il n'a point de part ; il n'y trouverait plus les germes de l'avenir, l'occasion des grandes découvertes, les sensations puissantes et nouvelles dont la variété infinie imprime à chaque homme le cachet de son originalité.

Qui le croirait ? dans le naufrage de la propriété individuelle, M. Mill a voulu sauver les beautés de la nature ; seulement l'état en devient le dispensateur et le gardien : le voilà quitte envers les instincts supérieurs. C'est le couronnement de l'œuvre et le point le plus curieux du manifeste : il paraît désirable à l'association que les parties les moins fertiles du territoire, surtout dans le voisinage des districts populeux, soient abandonnées « aux beautés sauvages de la nature ; » la communauté en jouirait tout entière ; toutes les classes y trouveraient le goût des plaisirs sains et champêtres. En même temps, l'état s'approprierait tous les objets attachés au sol que l'histoire, la science ou l'art ont consacrés. L'art n'est donc pas détruit ; on le ressuscite par des règlements. Vaine tentative ! l'art vit de liberté. L'objection paraîtra peut-être futile à un Anglais, qui sacrifie volontiers chez lui l'agréable à l'utile ; cependant il n'aura plus, pour balancer l'ennui des grandes cultures, le désordre savant et apprêté des grands parcs. Une ombre de goût et de fantaisie se réfugiait encore sous leurs chênes séculaires, autour de leurs manoirs antiques ; on ne verra plus que le tableau d'une désolante prospérité. Si l'état conserve précieusement près de chaque ville un coin de terre pour la promenade et la solitude, cette retraite sera bientôt gâtée par le nombre des solitaires ; pour y maintenir l'ordre public et pour satisfaire les goûts des contribuables, le gouvernement y fera régner les lois sévères de la régularité, et l'Anglais, encore plus dégoûté de sa propre demeure, fuira la monotonie de ses horizons, si toutefois l'état n'étend pas à sa personne l'empire qu'il prétend sur ses biens.

Cependant M. Mill avant tout veut être de son siècle, il ne veut pas rester dans les généralités, ni accueillir sans réserve des systèmes dont les espérances lui paraissent encore lointaines ; après les avoir cités avec éloge, il reconnaît que la tâche de l'économiste pendant longtemps restera plus bornée, et qu'on doit s'arranger jusqu'à nouvel ordre de la propriété privée. Voilà donc l'auteur subitement réconcilié avec la société dont il flétrissait les abus. Est-ce à dire qu'il va s'endormir dans le droit commun ? C'est une conversion assez perfide. Si l'avenir seul doit décider entre l'individu et l'état, il faut avouer que les temps sont proches ; toute parole tombée des lèvres d'un philosophe est recueillie avec empressement par les partis, qui se couvrent de son autorité. L'enseignement de M. Mill portera ses fruits en dépit de lui-même, et il ne sert à rien de le désavouer tranquillement, comme si on effaçait d'un mot toutes les raisons qu'on a données.

D'ailleurs, en examinant la propriété privée, M. Mill garde les rancunes d'un socialiste ; il s'efforce de restreindre son domaine au point de ruiner son principe, et reprend bientôt, à force de réserves et de tempéraments, la concession qu'il faisait d'abord. A la première réforme, la propriété aura plus à souffrir de ses nouveaux amis que de ses adversaires déclarés. En effet, M. Mill avance négligemment un axiome qui forme peut-être le fond de son système et qui condamne la propriété privée. Il ne juge pas nécessaire de l'appuyer par des arguments bons ou mauvais. Est-ce un acte de loi ou un trait d'habileté ? On ne sait ; mais il paraît considérer cette proposition capitale comme une vérité toute simple, hors de discussion, et c'est précisément le point du débat. « Le territoire, dit-il, appartient en principe à tous ses habitants, » ou bien « la terre est le patrimoine naturel de l'humanité. » Si on veut dire que les hommes vivent sur la terre et paraissent nés pour la cultiver, c'est un fait, et rien de plus. Est-ce dans les ténèbres de l'histoire primitive que M. Mill a puisé ce droit primordial supérieur à celui des individus ? Il s'en défendrait bien, car l'histoire offre, tantôt par le triomphe de la force, tantôt par l'action lente du temps, l'origine de toutes les inégalités. La société a-t-elle un droit sur tous les objets que nous transformons, parce qu'un instinct nous pousse à mettre en commun nos travaux et nos espérances ? Mais il y a un autre instinct qui nous pousse à ne pas travailler du tout : ira-t-on en faire le fondement d'un droit ? Nous avons tous les instincts, et personne ne peut s'en prévaloir pour nous imposer des obligations ; au penchant d'association, on opposerait un autre penchant aussi énergique, celui de conserver le profit qu'on doit à un effort personnel. On voit bien que l'idéal est une espèce d'équilibre entre des forces qui agissent en sens contraires ; mais les faits instinctifs sont trop variés, trop insaisissables, pour qu'on puisse en les observant trouver la forme, de société qui convient à notre nature.

Il y a un jugement de la conscience que personne ne conteste, parce qu'il est inséparable de la notion de liberté, c'est celui qui établit une liaison nécessaire entre une personne et les conséquences de ses actes. Cela s'appelle la responsabilité. Les socialistes eux-mêmes ne vont pas jusqu'à nous contester le libre arbitre ; c'est sur les conséquences qu'ils font porter la discussion. Ils veulent bien que l'homme soit responsable de ses mauvaises actions, aucun d'eux ne prétend soustraire un coupable à la loi ; mais ils ne veulent pas qu'on soit responsable des bonnes, c'est-à-dire qu'on en profite. Qu'est-ce donc qu'une œuvre et qu'un travail, si ce n'est un acte durable ? L'œuvre a des qualités bonnes ou mauvaises, utiles ou funestes à nos semblables ; l'utilité ou le dommage revient à celui qui en est l'auteur. M. Mill reconnaît un rapport entre le crime et le châtiment malgré le démenti trop fréquent de la réalité ; c'en est assez pour en établir un autre entre le travailleur et le fruit de son travail. Comment peut-on imposer le devoir envers autrui sans en admettre le corrélatif, le droit ?

Quant au droit primordial de la société, il tombe du même coup. L'association a-t-elle opéré ce miracle de transporter à la communauté dès sa naissance la responsabilité et les avantages qui en résultent ? Au moins faut-il en chercher l'origine dans chacun des membres ; sans eux, quelle sorte de commerce y a-t-il entre la société et les agents naturels ? C'est le travail des particuliers qui la met en rapport avec toutes les forces de la nature ; on ne voit là aucune loi nécessaire et primordiale qui serait établie au profit d'un être de raison et au détriment d'êtres en chair et en os. La société doit son empire sur le monde à la persévérance des citoyens ; c'est grâce à leur énergie, très inégale chez chacun, qu'elle achève lentement cette conquête. Elle aura beau proclamer qu'elle est maîtresse et souveraine d'un sol inculte ; tant que les particuliers n'auront pas défriché peu à peu le paradis qu'elle leur promet, sa royauté sera vaine. Quand les États-Unis d'Amérique ont déclaré qu'ils comprenaient dans leurs frontières d'immenses déserts encore stériles, ont-ils rien changé à la nature des choses ? Ont-ils acquis un droit sur les steppes et sur les forêts ? Ils ont seulement annoncé qu'ils protégeraient les droits du nouveau colon, et qu'au besoin ils étaient assez forts pour imposer leur protection au colon réfractaire ; mais le territoire n'entrera réellement dans la confédération qu'après avoir été défriché et sous la forme de la propriété privée.

Les socialistes ne peuvent se passer de l'intermédiaire des individus ; seulement ils acceptent la peine et marchandent la rémunération. Si leurs doctrines séduisent la foule, outre les passions qu'elles fomentent, elles ont pour elles certains abus de langage et des erreurs d'imagination. Comme l'influence de l'état se fait sentir partout, on lui reconnaît facilement un droit supérieur sur le territoire ; ce qui n'est à personne est à l'état : les fleuves par exemple sont censés lui appartenir, parce qu'il s'est réservé la pêche et la navigation. Ensuite l'image de la patrie s'offre à nous sous l'aspect de la terre et des accidents qui nous sont familiers, et nous confondons trois choses différentes : le sol, la patrie et l'état. Rien de mieux quand nous voulons, en face de l'étranger, résumer par une image saisissante tout ce qui nous rattache à la communauté nationale ; l'horizon où nous avons vécu, les qualités, le langage et les mœurs qui nous sont communs, le gouvernement qui veille aux intérêts de l'association, tout cela ne fait qu'un à nos yeux, et prend à l'heure de l'action les traits d'un type idéal. Alors ce n'est pas illusion, c'est vérité, puisque ces faits différents conspirent au même résultat ; mais quand on règle les droits de chacun et les rapports de l'état avec les particuliers, il faut descendre des hauteurs de l'idéal et décomposer le type qu'on s'était formé : ce qui était unité nationale en présence du monde ne serait plus, que confusion et chaos à l'intérieur. L'état doit laisser à l'initiative des particuliers les qualités qui forment le caractère et les mœurs de la patrie ; quant au sol et aux agents naturels, il les atteint seulement par l'entremise des citoyens. L'association est faite avant tout pour protéger l'indépendance de ses membres et pour leur en assurer les effets ; en l'oubliant, elle perd le fruit de son indépendance et défigure le type même de la nation.

Si le passé reste muet sur le droit primordial de la société, est-ce l'avenir qui le lui donnera ? Entrons-nous dans une ère nouvelle ? On avoue qu'à l'origine de toute société l'histoire et la logique montrent l'exercice d'un droit individuel ; mais la logique et l'histoire se transforment. Au système de l'égoïsme doit succéder, dit-on, celui de la fraternité universelle ; voilà pour le fait. Quant au droit, où le chercher, sinon dans le consentement même des citoyens ? Ne peuvent-ils modifier les conditions du contrat ? Ne le font-ils pas tous les jours ? L'impôt, les monopoles, sont autant de sacrifices à la chose publique. Que dire de l'expropriation, imposée sans ménagement et subie sans murmure ? Celle d'un territoire n'est-elle pas aussi légitime que celle d'une maison pour percer une rue, d'un champ pour tracer un chemin de fer ? C'est une autre face des opinions de M. Mill ; l'état devient envahisseur parce que les citoyens le lui permettent, et, en dépit d'un passé mille fois condamné, il trouve dans leur accord les fondements d'un nouveau code.

Admettons, comme il est vrai, que l'abnégation des citoyens dépasse la mesure des intérêts privés, que les avantages qu'on reçoit en échange des sacrifices ne sont pas toujours palpables ; par bonheur, il ne s'établit pas seulement un compte d'intérêts entre les citoyens et la chose publique : le sentiment s'en mêle ; on donne plus qu'on ne reçoit. Ceux qui défendent leur pays au risque de leur vie savent bien que tous ne verront pas la paix. C'est qu'il ne s'agit pas d'une entreprise commerciale, et que des actionnaires ne se sont jamais fait tuer pour le succès d'une opération. Si le patriotisme va plus loin que le droit strict, est-ce à dire que le citoyen abdique son droit ? Nullement, et, s'il devait l'aliéner pour jamais, il n'aurait garde de se dévouer. Dans une société menacée de guerre, le sacrifice de la vie peut être exigé à chaque instant, il n'est pourtant pas plus nécessaire que le danger ne l'est, et le danger peut disparaître. A aucun moment, la société n'acquiert un droit absolu sur la vie des citoyens. Ils doivent répondre à son appel, sous peine de laisser périr la communauté dont ils vivent. De leur consentement, manifesté dans les assemblées, naissent en effet des pouvoirs et des droits qui sont réunis dans la main du gouvernement ; mais cette puissance est limitée par leur consentement même, et, dût leur volonté céder à l'empire des circonstances, le nombre des concessions ne donnerait jamais le droit absolu de les exiger.

Il est vrai que la pluralité des voix ne fait pas toujours le bon sens, et que les citoyens, par ignorance où par intérêt mal entendu, peuvent donner leur consentement aux plus détestables mesures. Les philosophes s'épuiseront à crier que la liberté est inaliénable, ils ne sauveront pas une parcelle de liberté. Il faut même reconnaître que cet accord d'une nation fait loi pour ceux qui la composent, et qu'on doit se soumettre aux institutions de son pays, dût-on les trouver mauvaises et le dire. Est-ce dans ce fait accidentel, dans cette transaction nécessaire qu'il faut chercher l'origine d'un droit philosophique et universel de la société sur les biens des particuliers ? A quoi bon discuter le droit de ce peuple à la servitude volontaire, si la servitude qu'il embrasse anéantit sa civilisation ? Qu'est-ce donc que le droit de mal faire ou de se tuer ? Un homme se donne la mort ; irons-nous discuter sur sa cendre le droit au suicide ? Une société adopte un système qui la perd : ira-t-on invoquer le droit de se tromper soi-même pour défendre la doctrine, et proclamer un principe légitime parce qu'il le deviendra le jour où il sera consenti ? C'est abuser du langage et de la logique. Cependant ceux qui fondent le despotisme de l'état sur la liberté du contrat social ne font pas autre chose. Il faudrait commencer par démontrer que leur système est le plus conforme à la nature humaine ; alors, satisfaisant aux conditions de la vie de chacun, il pourrait former l'association de tous, et mériterait d'obtenir leur consentement.

En réalité, pour qu'une association soit légitime, c'est-à-dire pour qu'elle vive, il faut qu'elle laisse au principe spontané toute son énergie. Voilà précisément ce qui fait la force des petites associations constituées sous un régime de liberté, où chacun est maître de contracter des engagements et connaît les limites de ceux qu'il accepte ; le cercle d'action est assez restreint pour que chaque membre puisse recueillir le bénéfice de son activité, et se sente responsable. Alors le germe des entreprises est fécondé, l'intérêt n'est pas étouffé, et l'association le rend plus efficace. C'est là qu'il faut chercher le remède à beaucoup d'abus et le principe d'une répartition plus équitable ; c'est dans cette voie qu'il faut diriger les mécontents, en leur montrant le soulagement de leurs maux dans l'union des volontés et l'usage raisonné des ressources communes ; c'est ce refuge qu'il faut offrir à ceux qui s'accommodent mal des salaires fixes, et qui-sont assez hardis pour affronter les chances de la perte ou du gain. Le dédain qu'on témoigne aux associations libres ne peut pas durer ; elles n'ont d'autre tort que d'avoir été encouragées par l'empire, vantées par la commune et revendiquées par l'Internationale. C'en est un fort grand aux yeux des gens modérés, et le système a souffert de pareils protecteurs ; mais ceux-ci n'en pourront jamais rien tirer, car ce qu'ils désirent c'est le despotisme de la grande association, de l'état, et cette tyrannie n'a pas d'ennemis plus sûrs que les petites sociétés. Ce sont ces dernières qui deviendront des foyers d'indépendance légale quand on leur rendra justice, car elles ont pour principe l'initiative privée, tandis que l'autre est arbitraire et envahissante. Leur origine même indique qu'il faut les laisser se former d'elles-mêmes, et leur histoire prouve que les. moyens violents et les règlements n'y peuvent rien ; ce qu'il faut, c'est le maintien des lois qui suppriment les entraves et une instruction qui en fasse connaître les avantages. Il appartient aux hommes, réfléchis de ne pas se laisser abuser par la ressemblance des mots, et de distinguer parmi les erreurs de leurs adversaires la lueur de raison qui les rend accessibles à la vérité.

En Angleterre, l'agriculture ne peut que gagner aux associations privées. On y préfère la grande culture à la petite ; une fois le droit d'aînesse aboli, les domaines trop étendus se démembreront peu à peu. Des sociétés agricoles les recueilleront avant qu'ils ne se divisent à l'excès, et suivront les traditions des gros fermiers ; mais leur liberté n'aura rien de commun avec la protection tyrannique que M. Stuart Mill a imaginée : on leur laissera le stimulant de la spéculation et la jouissance des avantages naturels de la terre, car l'œuvre avorte, si l'état enlève aux particuliers le désir de l'entreprendre.

Au fond, les radicaux d'Angleterre ne diffèrent pas beaucoup de ceux de France. Ils ont plus de méthode et plus d'habileté ; mais des deux côtés de la Manche les menées ou les raisonnements visent au même but : ouvrir à tout prix des voies nouvelles et changer la direction du progrès. Ils font un grand usage de ce mot, et le sens qu'ils lui prêtent inspire aux gens timorés le dégoût de la chose ; le progrès qu'ils imaginent ne ressemble en rien au véritable. Quand on parle de marcher en avant, on n'entend pas aller au rebours de la nature ; on sait que l'homme ne s'est pas créé tout entier : si la réflexion l'aide à corriger le désordre des instincts, s'il peut améliorer son sort, c'est à la condition de respecter les qualités essentielles de l'espèce. Voilà pourquoi en politique la rigidité des principes doit fléchir dans l'application ; ce n'est pas une vaine question de ménagement, de timidité : c'est que le principe renferme seulement une part de vérité, et que pour le reste il faut attendre que la vérité se révèle d'elle-même par l'expérience. Alors les observations sont plus répétées, les idées générales plus exactes, et l'influence en est moins disputée ; les lois humaines, d'accord avec celles de la nature, maintiennent un juste équilibre entre la vie des sociétés et celle des individus, et le progrès devient, comme toute œuvre durable, le fruit de l'expérience et du raisonnement. L'imagination de M. Mill lui donne le change : il se figure que la nature vient se ranger d'elle-même sous nos lois, que notre empire sur elle est absolu et qu'elle se transforme à notre gré, tandis que c'est nous qui comprenons mieux ses lois en nous connaissant mieux nous-mêmes, et qui les reproduisons plus fidèlement dans les nôtres. Nos pères croyaient que le soleil tournait autour de la terre ; dans les sciences morales, dans nos systèmes sociaux, nous commettons parfois une erreur analogue, et nous tenons aussi peu de compte des lois naturelles que si elles étaient faites pour nous obéir.

Que font les radicaux de toute nuance ? Ils partent d'une idée purement abstraite ou d'une observation insuffisante pour imaginer tout un système, et ils veulent refondre la nature humaine. Pourquoi pas ? l'homme a opéré tant de miracles ! Qui peut montrer les bornes de la transformation ? Personne, assurément ; mais il faut en saisir le sens, qui est de se développer selon sa nature. Pour eux, le soleil tourne toujours autour de la terre. Ils ne doutent pas que les éléments eux-mêmes ne conspirent au triomphe de leur doctrine, et quand on leur fait toucher du doigt un fait rebelle qui leur résiste, ils invoquent la toute-puissance de l'homme. Dans ce bouleversement, ils étouffent les germes mêmes du progrès ; le plus curieux, c'est qu'ils en conviennent. Dans les *Principes*, M. Mill a écrit un chapitre dont le titre seul est un aveu : on y parle d'un *état stationnaire*. Économiste, il sacrifie le progrès économique à son rêve d'égalité : l'activité humaine s'éteint, faute d'aliment ; il s'en console en lui laissant les beaux-arts et le droit de travailler par plaisir, sinon par intérêt : comme si on pouvait supprimer l'impulsion et conserver le mouvement !

Tant d'erreurs spécieuses ont ébranlé de bons esprits ; beaucoup de gens se sont sentis troublés quand on a fait appel à leur foi dans l'avenir, aux sentiments de solidarité, à l'amour du progrès, qui est la religion des peuples modernes. Ils se sont demandé s'ils n'étaient pas parmi les aveugles et parmi les abusés, si le fanatisme de leurs adversaires était un masque que la vérité prend quelquefois pour faire son entrée dans le monde. Tous les sophismes ne feront pas qu'on puisse altérer les lois éternelles de l'humanité ; quand notre génération s'userait à les défendre, elle sait du moins que ces lois auront raison tôt ou tard d'un trouble passager. Les sociétés humaines reprendront leur cours, comme un fleuve déréglé qui sort de son lit, répand la terreur dans les campagnes, et rentre bientôt dans les limites fixées par la nature : pour respecter ces bornes, le fleuve ne cesse pas d'avancer, mais il suit sa pente naturelle ; ceux qui veulent l'en détourner sont les ennemis de la civilisation.

ISBN : 978-1981130030